PROCÈS

DES CITOYENS

VIGNERTE ET PAGNERRE,

Membres

DE LA SOCIÉTÉ DES DROITS DE L'HOMME

ET DU CITOYEN.

30 PAGES IN-8° : PRIX, 3 SOUS.

COUR D'ASSISES DE PARIS.

Audience du 22 février 1834.

Le 4 août 1833, Vignerte publia un écrit ayant pour titre : SOCIÉTÉ DES DROITS DE L'HOMME ET DU CITOYEN. *Lettre au rédacteur du National.*—Le 30 du même mois une perquisition eut lieu au domicile de Pagnerre; on y saisit un très grand nombre de publications de *la Société des Droits de l'homme*, et notamment plus de 2000 exemplaires de la lettre de Vignerte; cette lettre fut seule incriminée; après une longue instruction et de nombreux interrogatoires, la chambre du conseil décida qu'elle ne contenait rien de coupable, mais le procureur du roi en appela, et les juges de la cour royale, plus habiles que les juges de première instance, y trouvèrent les 4 délits suivans :

1° Provocation à détruire ou à changer le gouvernement.

2° Excitation à la haine contre une classe de personnes.

3° Provocation à la désobéissance aux lois,

4° Excitation à la guerre civile en armant les citoyens les uns contre les autres.

C'est pour avoir commis tous ces délits que Vignerte, Pagnerre et Herhan sont appelés devant la cour d'assises ; le premier comme auteur de la lettre incriminée ; le second comme éditeur et distributeur ; le troisième comme imprimeur.

Ils sont tous trois placés au barreau à côté des avocats Boussy, Philippon de la Madeleine et Moulin, leurs défenseurs.

A son arrivée, Vignerte, qui a été extrait le matin de la prison de la Force, reçoit des témoignages d'une vive sympathie.

Malgré les difficultés qu'il faut vaincre pour pénétrer dans la salle, un très grand nombre de membres de la Société des Droits de l'homme sont présens à l'audience ; on remarque parmi eux le citoyen Voyer d'Argenson.

M. Berville, premier avocat-général, occupe le fauteuil du ministère public.

Après l'interrogatoire des accusés, le greffier donne lecture de l'arrêt qui les renvoie devant le jury.

M. Berville prend alors la parole. Il abandonne l'accusation à l'égard de l'imprimeur Herhan, et la maintient à l'égard de Vignerte et de Pagnerre ; tout en déclarant qu'il se contentera de lire purement et simplement l'écrit poursuivi, il accompagne cette lecture d'interprétations plus ou moins spécieuses, pour prouver la culpabilité des deux accusés.

Voici les principaux passages sur lesquels il appelle l'attention des urés.

SOCIÉTÉ DES DROITS DE L'HOMME ET DU CITOYEN.

Au rédacteur du National.

« Mais quand nous aurions des journaux, croyez-vous donc que nous renoncerions auxi mmenses avantages de l'association ? Par elle, nous unissons et dirigeons nos forces, nous pouvons les mettre en jeu par un seul mobile, et les faire marcher de concert. Par l'association, nous faisons ce que la presse est impuissante à faire. Nous agissons sur cette grande masse de prolétaires qui, n'ayant jamais reçu d'instruction, ne savent même pas lire ; qui, négligés par le législateur et presque en dehors de nos institutions corruptrices, se sont conservés tels qu'ils sont sortis des mains de la nature, c'est-à-dire simples, droits, sensibles, pleins de bon sens et amis de l'égalité. Au moyen de l'enseignement oral, et par l'effet de la parole, infiniment plus puissante que la lettre morte d'un journal, ils comprennent avec une admirable facilité l'immortelle *Déclaration des Droits de l'homme et du citoyen.* Leur cœur, resté pur au milieu de la corruption gé nérale, s'exalte et se remplit des sentimens les plus sublimes. Tous les jours nous avons lieu de nous convaincre que c'est dans cette belle classe des prolétaires que résident les espérances de la patrie et l'avenir de l'humanité.

« Par l'association nous ne nous bornons pas à propager les principes républicains ; nous faisons plus, nous travaillons à notre éducation politique, en mettant ces principes en pratique. Vous ne l'avez donc jamais vu, vous qui le calomniez, ce magnifique peuple des sections, délibérant, votant, élisant ses fonctionnaires, sanctionnant ses réglemens, et les exécutant ensuite avec une obéissance religieuse ? Vous ne connaissez point le calme, la majesté et la fraternité qui président à nos séances. Vous n'avez pas assisté à ces belles réunions où se trouve représenté le dévouement de toutes les classes et de tous les âges ; où le vieillard de 93 est assis à côté du jeune homme de 1830 ; où le médecin, l'avocat et l'étudiant pressent avec effusion la main calleuse de l'ouvrier émancipé et rappelé à sa dignité.

Ce qu'on dit dans les sections, le voici :

« A bas tous les priviléges, *même ceux de la naissance !* A bas le
» monopole des richesses ! A bas l'exploitation de l'homme par
» l'homme ! A bas les inégalités sociales ! A bas cette infâme organi-
» sation où de nombreux parasites se donnent la peine de naître pour
» vivre largement, dans l'oisiveté, du travail de leurs malheureux
» frères ! Que l'individualisme qui ronge la société fasse place au dé-
» vouement qui seul peut la faire fleurir ! Plus de factions, plus de
» tiraillemens, plus de castes ! Vive l'harmonie et l'unité politique !
» Vive la République centralisée ! Vive le suffrage universel ! Vive
» le peuple ! souverain de droit, il le sera bientôt de fait. Au peuple
» appartient la sanction de *toutes* les lois, préparée d'abord par ses
» mandataires. C'est lui qui instituera et changera à son gré la forme
» du gouvernement, qui choisira ses magistrats suprêmes, qui les
» révoquera quand il lui plaira, et qui les punira quand ils auront
» prévariqué. — C'est le peuple qui garde et cultive le sol, c'est lui
» qui féconde le commerce et l'industrie, c'est lui qui crée toutes les
» richesses, à lui donc appartient le droit d'organiser la propriété,
» de faire une équitable répartition des charges et des jouissances so-
» ciales, en un mot d'ordonner la chose publique de la manière la
» plus avantageuse au bien-être de tous. »

» Voilà ce qui nous occupe dans nos *ténébreux conciliabules* ; voilà ce dont la presse ne parle guère. Elle ne travaille en général qu'à un changement *politique.* Cependant les plus grandes révolutions ne sont pas les révolutions politiques : quand elles ne sont pas accompagnées de révolutions sociales, il n'en résulte rien ou presque rien. L'autorité change de main, mais la nation reste dans le même état. Les opinions corrompues, les mauvaises passions, l'ignorance, par conséquent la misère, subsistent. Les mêmes crimes des gouvernans se renouvellent, etc., etc. »

» Si la presse voulait le bien de tous, et non le bien de quelques-uns, elle prendrait pour point de départ les réflexions suivantes

d'un publiciste dont le nom ne lui paraîtra point suspect : « En ar-
» rêtant sa pensée sur la société et sur ses rapports, on est frappé,
» dit le célèbre Necker, d'une idée générale qui mérite bien d'être
» approfondie : c'est que toutes les institutions civiles ont été faites
» pour les propriétaires. On est effrayé en lisant le Code des lois de
» n'y découvrir partout que le témoignage de cette vérité. On dirait
» qu'un petit nombre d'hommes, après s'être partagé les terres et les
» richesses, ont fait des lois d'union et de garantie contre la multi-
» tude, comme ils auraient fait des abris dans les bois pour se dé-
» fendre des bêtes sauvages. Cependant, on ose le dire, après avoir
» établi des lois de propriété, de justice et de liberté, on n'a presque
» rien fait pour la classe la plus nombreuse des citoyens. Que nous
» importent vos lois de propriété? pourraient-ils dire, nous ne pos-
» sédons rien ; vos lois de justice? nous n'avons rien à défendre ; vos
» lois de liberté? si nous ne travaillons pas, demain nous mour-
» rons. »

. . . .

M. Berville, termine son réquisitoire en demandant la condamnation de Vignerte et de Pagnerre.

Le président. Vignerte, vous avez la parole.

DISCOURS DE VIGNERTE.

Messieurs les Jurés,

Je vais répondre aux attaques de M. l'avocat-général, attaques
d'autant plus perfides qu'elles se cachent sous les apparences du
calme et de la modération.

Quel est mon crime, messieurs les jurés ?

J'ai déploré la misère du peuple, j'ai parlé d'améliorer son sort.

A la vue des maux qui affligent la société, je me suis écrié que
pour faire cesser la misère et l'oppression des masses, il fallait abolir tous les priviléges, détruire les inégalités sociales, et organiser
la propriété selon les principes de la raison et de la morale. Si le
peuple, ai-je dit, veut atteindre ce but, il n'a qu'un seul moyen :
il doit reprendre et surtout conserver l'exercice de sa souveraineté.

Il ne faut pas se le dissimuler, messieurs, et les événemens de tous
les jours le prouvent assez : la société se trouve aujourd'hui dans un
état de crise dont la cause tout entière se résume dans ce procès, qui
n'est et ne peut être qu'un débat sur la *propriété* et sur la *souveraineté*. Pour justifier l'écrit incriminé, je me bornerai à deux obser-
vations ; la première : que les lois qui organisent la propriété ont
pour but d'exploiter les *travailleurs* au profit d'une classe *privilégiée* ; la seconde, que le peuple souverain est seul capable
et compétent pour abolir cette exploitation.

Qu'est-ce que la *propriété* ? c'est le droit de jouir de la portion de bien garantie par la loi; axiome social qui peut être contesté par des tyrans ou par des valets entendus de leurs maîtres, jamais par des hommes.

Toute loi qui n'est pas faite pour tous, et par suite dans l'intérêt de tous, est nulle est immorale. Les lois françaises faites par les riches contre le peuple sont dans ce cas : elles protègent tous les droits, excepté ceux du *peuple* ; elles respectent toutes les propriétés, excepté celles du *pauvre*.

On ne fait rien avec rien. Cela est vrai dans le monde social, comme dans le monde physique. L'industrie de l'homme ne s'exerce que sur la matière. D'après les principes du droit naturel, la matière industrielle est le domaine de tous. Par une série d'usurpations et d'iniquités sociales, elle se trouve possédée par une classe privilégiée. En admettant que cette possession fût une propriété légitime, s'ensuivrait-il pour cela que les propriétaires de la matière eussent droit au monopole des richesses? Non, messieurs, et pourquoi? parce que la matière n'a de valeur et ne peut satisfaire aux besoins de l'humanité qu'autant qu'elle a subi certaines transformations : or ces transformations ne s'obtiennent que par le travail. Donc le travail est la vie des sociétés. — Donc, s'il devait exister des privilèges chez les nations, la raison voudrait qu'ils fussent établis au profit du travailleur qui alimente la société, au préjudice de l'oisif qui vit des sueurs de l'industriel. Le contraire existe ; j'en vais dire la raison.

La nation se divise en deux classes bien distinctes : les *privilégiés* et les *prolétaires*.

J'appelle *privilégiés* ceux qui, possédant des fonds de terre ou des capitaux, spéculent avec ces valeurs sur les sueurs du prolétaire.

J'appelle *prolétaires* ceux qui ne vivent que de leur industrie. — Toute leur propriété consiste dans le fruit de leur travail. — En jouir est leur droit le plus sacré.

Eh bien ! ce droit ne leur est point garanti par la loi.

Car les privilégiés qui ont *usurpé* sur la nation le pouvoir souverain se sont dit :

« Si le *prolétaire* jouit du fruit de son travail, il sera dans l'abondance, il deviendra notre égal. — Mais nous pouvons l'*exploiter* et le maintenir dans la misère. — Nous possédons la matière industrielle. — Le prolétaire, qui ne vit que de son industrie, est donc obligé de s'adresser à nous. — Profitons de notre position pour lui imposer les lois les plus dures. — Ne lui accordons les moyens d'existence qu'à la condition d'un travail continuel et excessif. — Qu'il n'ait ni le temps ni la faculté de s'instruire et de s'émanciper. — Misérable et ignorant, il perdra jusqu'au souvenir de ses droits. »

De là ce contrat forcé qui règle les rapports des *privilégiés* et des

prolétaires, contrat dicté par la *cupidité* et sanctionné par la *faim*. Réduit à sa plus simple expression, ce contrat peut se formuler ainsi :
« Homme du peuple, tu as besoin de moi, car je suis riche et tu
« es pauvre : je permettrai que tu aies l'honneur de travailler à mon
« service, à condition que je profiterai de ton travail, pour la peine
« que j'aurai de te commander. »

Mais, direz-vous, ces faits ne sont que dans votre imagination : ils n'existent pas dans la société française. Voyons, messieurs, jetons un coup d'œil sur l'état de cette société.

Est-il vrai, ou non, qu'il y ait en France d'un côté des *milliers* d'*hommes* qui regorgent de superfluités, d'un autre côté des *millions* d'*hommes* qui périssent ou souffrent du besoin de ce que les premiers ont de *trop*?

Est-il vrai, ou non, que le sort des *prolétaires* soit à la merci des *riches*, et cela, parce que la loi, si ingénieuse à garantir ce qu'on appelle exclusivement *propriété*, ne protège nullement l'industrie, qui est pourtant la première et la plus rationnelle des propriétés?

Vous le savez, messieurs les jurés, pour un homme riche, bien *administrer* sa fortune, c'est exploiter les travailleurs, c'est ajouter sans cesse à leurs charges sans jamais augmenter leur salaire. C'est être exclusivement placé au point de vue d'accroître ses revenus au préjudice du malheureux qui l'enrichit par son travail.

Et ce n'est encore là que la moitié des maux qui pèsent sur les *prolétaires*. Après avoir été dépouillés comme *travailleurs salariés*, il faut qu'ils le soient encore comme contribuables.

Car les riches, après les avoir exploités sous la qualité de propriétaires, de fabricans, de commerçans, changent tout à coup de costume, et se présentent avec le titre usurpé de *Pairs*, de *Députés*, d'*Administrateurs de la chose publique*, pour imposer encore aux *prolétaires* de nouveaux sacrifices, et leur voler jusqu'à leur dernier sou. « L'état a des besoins, disent-ils ; il faut payer des impôts ; il faut remplir les caisses du trésor. » Sans doute, messieurs les gouvernans, l'état a de grands besoins ; car l'*état*, ce n'est point le roi, ce n'est point une minorité aristocratique ; c'est l'immense majorité des Français, c'est le peuple, et le peuple souffre horriblement. Or, ce n'est pas pour le soulager, que vous lui extorquez tous les ans un milliard de contributions. Tout ce que le pauvre paie est à jamais perdu pour lui, et reste ou revient entre les mains des classes *privilégiées*. Cela nous fait comprendre admirablement pourquoi nos ministres demandent et obtiennent sans cesse de nouveaux subsides. Comme c'est aux seuls hommes qui ont part au gouvernement ou à ceux qui en approchent que revient le produit des impôts, ils ont, même en payant leur contingent, un intérêt sensible à les augmenter sans cesse.

Le spectacle des *prolétaires*, dépouillés comme travailleurs salariés, dépouillés comme *contribuables*, livrés à une exploitation *homicide*, est un spectacle révoltant.

Et pourtant si je vous demande, messieurs, qui crée toutes les richesses, qui peuple les champs et les ateliers, qui fournit à tous les besoins sociaux, qui dans les batailles verse son sang pour la patrie,

Vous êtes obligés de me répondre :

Ce sont ces prolétaires, nos concitoyens, nos frères, nos égaux par la nature, privés des bienfaits de l'éducation, rongés par la misère, entassés dans les chaumières, dans les greniers, dans les hôpitaux.

Ce sont ces ouvriers, ces paysans, que des travaux excessifs et des privations de toute espèce entraînent rapidement vers la tombe, et qui dans le cours d'une vie, *longue pour la souffrance,* n'ont jamais vu luire un beau jour.

Et cependant leur travail entretient, charme et embellit sous mille formes diverses l'existence de cette *caste* ingrate qui les regarde avec dédain et mépris, et prétend les traiter comme d'humbles vassaux.

D'où vient, messieurs, que les propriétés des classes riches sont entourées de tant de protection et que les classes pauvres et laborieuses sont dépouillées du fruit de leur travail qui est leur unique bien. — Il n'y a là rien d'étonnant pour ceux qui voudront réfléchir tant soit peu à notre constitution politique. — Les hommes sont naturellement égoïstes, et cette vérité nous explique très bien les vices de notre état social. — Si les lois étaient votées par tous, nul doute qu'elles ne fussent établies dans l'intérêt de tous. Mais si, comme aujourd'hui, elles continuent à être faites par les représentans des riches propriétaires et des grands capitalistes, il est évident qu'elles tourneront sans cesse à l'avantage exclusif de l'aristocratie ; tant que ceux qui gouverneront les peuples en seront ennemis, tant qu'ils seront en position de les exploiter et qu'ils pourront le faire impunément, ils ne rechercheront pas ce qu'ils doivent faire pour les rendre heureux. — Tant que les riches voteront les impôts, ils n'auront gardé d'épargner les autres à leurs propres dépens et de se charger eux-mêmes pour soulager les pauvres.

Mais lorsque la nation aura recouvré l'exercice de sa souveraineté, il est évident qu'étant composée en grande majorité de travailleurs, elle s'empressera d'adopter les mesures les plus promptes et les plus efficaces pour assurer l'affranchissement des prolétaires et la protection de l'industrie.

On nous demande sans cesse : mais que ferez-vous quand vous aurez établi la république ? Par quels moyens prétendez-vous améliorer la condition du peuple ?

Messieurs, il ne nous sied pas de dire : Nous ferons, nous organiserons. — C'est à la nation souveraine qu'il appartient de *faire* et *d'organiser*. Pour nous, citoyens d'un état qui est à la veille d'être libre, et membre du souverain, notre devoir, avant tout, est de combattre et d'écraser les oppresseurs. — Notre droit ensuite est de nous former une opinion consciencieuse sur les grands principes d'organisation sociale, de la manifester avec courage par la presse et par la parole, et d'user plus tard de notre portion d'influence pour soutenir cette opinion dans les comices du peuple.

Que si vous me demandez quels sont les vœux de la Société des Droits de l'homme, à laquelle je me fais gloire d'appartenir, je puis vous répondre.

Je vous dirai d'abord que la Société des Droits de l'homme n'a jamais professé la loi agraire, non qu'elle conteste à la nation le droit d'ordonner le partage égal des biens — car la souveraineté d'une nation est illimitée — elle est à la fois réelle et personnelle, c'est-à-dire qu'elle s'étend sur les choses aussi bien que sur les personnes — mais nous repoussons la loi agraire, parce que nous la regardons comme un moyen ruineux pour fonder l'égalité.

Messieurs, nos vœux les plus chers, nos doctrines les plus radicales, les voici formulées en deux mots :

Le but des institutions républicaines doit être, non pas, comme on peut le sentir aisément, de remplir les coffres d'une minorité privilégiée et de la dispenser du travail, mais de maintenir l'abondance tellement à la portée de tous, que pour l'acquérir, le travail soit toujours nécessaire et jamais inutile.

Pour réaliser ce grand principe, la première et la plus importante des réformes à réclamer est sans contredit l'émancipation des classes laborieuses, condamnées jusqu'à présent à *l'hérédité* de la misère.

Le jour où la France sera libre, et la nation souveraine, il sera dans l'essence des devoirs de la république de fournir aux prolétaires les moyens de se former en associations coopératives et d'exploiter eux-mêmes leur industrie.

Un fait remarquable, Messieurs, un fait hautement accusateur de notre organisation sociale, c'est qu'aujourd'hui le travail d'une machine ôte le travail à un certain nombre d'ouvriers.

Car le fabricant cherche tous les moyens de produire au plus bas prix possible ; il établit dans ses manufactures un système de mécanique destiné à remplacer un grand nombre de bras, et renvoie une partie de ses ouvriers.

Serait-ce donc pour le malheur de l'humanité que la nature lui aurait donné tant de moyens d'embellir son existence et de suppléer par de puissantes machines au travail physique des individus ? serait-ce pour livrer à une misère éternelle une portion des sociétés que la civilisation aurait ouvert tant de sources de richesse ? Non, messieurs, qu'on abolisse l'exploitation de l'homme par l'homme, que l'état secial soit constitué dans l'intérêt de tous, et dès lors l'ouvrier, qui brise aujourd'hui les machines, bénira des grands auxiliaires de la force humaine.

En effet, quand les travailleurs pourront se former en associations coopératives, et mettre tout en commun, matériaux, intelligence, activité, on verra se former d'immenses établissemens montés des machines les plus parfaites. Le profit de chacun augmentera, et la journée de travail sera réduite de moitié ; l'ouvrier pourra consacrer à s'instruire, à exercer ses droits civiques et à jouir de la vie, le temps, que sans l'association et l'introduction des machines, il aurait tout entier passé à son travail.

Comprenez donc, messieurs, la moralité de nos doctrines, comprenez ce que deviendra la France, quand elle n'aura plus d'autre maître que la loi, et que l'industrie, qui, dans la loi du *salaire*, conserve un dernier stygmate de son esclavage primitif, ne sera plus soumise qu'à la loi d'*association* ; quand un pouvoir vraiment national, initié aux besoins et aux sympathies de l'époque, donnera l'impulsion du progrès à ce peuple généreux, né pour le bonheur et la vertu.

Ce sont là, diront les tièdes, de belles utopies qui ne se réaliseront jamais ; ce sont, diront les méchans, dans leur hypocrisie, des doctrines dangereuses qui, si l'on n'y prend garde, bouleverseront la société.

Vers la fin du 18e siècle, les prêtres et les nobles faisaient les mêmes objections contre la propagande du tiers-état, qui battait alors en brèche les priviléges du clergé et de la féodalité.

La bourgeoisie, après avoir marché pendant tant d'années à la tête du mouvement libéral, après avoir proclamé l'égalité aussi long-temps qu'elle a vu quelque inégalité au-dessus d'elle, la bourgeoisie, maintenant victorieuse, veut rester *stationnaire* ; elle rougit d'avoir été *plébéienne* ; elle est devenue *aristocrate*, et veut garder pour elle le *monopole* des droits politiques et des jouissances sociales.

Mais les *prolétaires* invoquent à leur tour l'*égalité*, et quand la bourgeoisie se sent pressée par les conséquences du *principe* qu'elle a posé, elle se démène alors, elle évoque 93, *qu'elle seule pourtant a préparé et dont elle seule a profité*. Elle s'écrie avec douleur, comme autrefois les prêtres et les nobles, qu'il ne s'agit plus d'une question de ministère ou de dynastie, mais qu'il y va de la vie de la *société tout entière*.

La *bourgeoisie* a maintenant peur des révolutions. — Eh bien ! voici le seul moyen d'éteindre le volcan des révolutions. — Il faut fermer les plaies les plus profondes de l'état, il faut abolir les lois faites par les riches et pour les riches ; il faut changer *complétement* la condition physique et morale des *travailleurs*.

Il est passé le temps de duper le peuple. — Aujourd'hui, non-seulement les prolétaires abhorrent un pouvoir oppressif, spoliateur, humiliant, mais encore ils n'ont pas oublié qu'ils ont été indigne-ment trompés il y a quatre ans par les 224. — Ils ne sont plus as-sez niais pour se traîner à la remorque d'une opposition parlemen-taire, ambitieuse, hypocrite, trop lâche pour croire à la république, trop corrompue pour la vouloir. — Ils savent très bien que l'avenir social est dans le peuple et non dans les intrigues de quelques cote-ries soi-disant libérales, ou dans la renommée de quelques person-nages. Laissant de côté les *hommes*, ils ne suivront désormais que les *principes*. Ils n'écouteront plus que la voix de la justice et de l'é-galité. La révolution qui se prépare ne se bornera pas à des réformes superficielles. Différente de celle de 1830, elle ne se réduira pas pour le peuple à une question de drapeau, à un simple changement de couleur dans l'habit de ses maîtres.

Et gardez-vous d'ajouter foi aux vociférations de nos vils calom-niateurs. — Les républicains ne sont point des buveurs de sang. — Les républicains sont les apôtres et les défenseurs de l'humanité. — Les républicains veulent réformer les hommes et non les *tuer* ; ce qu'ils veulent *tuer*, ce sont les abus et les priviléges.

Grâces en soient rendues à l'intelligence de la nation : pour opé-rer la révolution, nous n'avons pas besoin de guerre civile. — Il nous suffit des progrès de notre propagande, propagande d'autant plus rapide, d'autant plus forte, que nos doctrines satisfont aux désirs des cœurs généreux, aux besoins pressans des travailleurs, aux vœux impérieux des générations présentes.

Tous les jours l'arme de la propagande porte au gouvernement des coups terribles. — Il est tout meurtri de ses blessures. — Il s'écrie qu'il se meurt, que la *légalité le tue*. — Sa position enfin n'est plus tenable. — Pour le soutenir, il lui faut désormais des lois d'exception. — Il faut qu'il nous enlève totalement le droit d'as-sociation, qu'il musèle la presse, qu'il détruise le jury. — C'est là que nous l'attendons. — S'il a l'audace de porter une main sacri-lége à ces dernières garanties, conquêtes de juillet, oh ! alors, nous l'attaquerons, non plus avec des discours ou des brochures, mais *le fer à la main*. (Sensation.)

M. le Président : Vignerte, je ne puis vous laisser émettre de tels principes.

Vignerte : Ce sont des principes en vertu desquels vous siégez là. (Sensation.)

Le président. Continuez.

Vignerte. Messieurs les jurés, je ne veux point abuser de votre patience ; mais je vous soumettrai une dernière observation.

Un homme, grand par son génie, et qui avait profondément étu dé l'Europe, a prophétisé que dans quelques années elle serait Cosaque ou *République*. Et pour tous ceux qui ont quelque portée dans l'esprit, il est évident que c'est en France que s'agitent aujourd'hui les destinées de l'Europe. — Eh bien ! il faut le dire hautement, il faut le dénoncer à la nation : il est en France un parti dévoué à la sainte-alliance, un parti hostile à la patrie, un parti COSAQUE enfin. Dans ce parti se trouvent ceux qui en 1815 conspiraient à Gand de concert avec l'étranger ; ceux qui à la même époque brûlaient les drapeaux de la nation ; ceux qui dans la 1re révolution désertèrent à l'ennemi ; ceux qui en 1810, en Espagne, demandaient du service contre leur pays ; ceux qui lorsque la Pologne s'est levée pour la France, ont laissé assassiner cette Pologne dont ils persécutent aujourd'hui les glorieux débris ; ceux qui d'abord excitèrent, puis trahirent les patriotes d'Espagne, pour se concilier les bonnes grâces d'un *Ferdinand* ; ceux qui ont livré l'Italie, notre alliée naturelle aux vengeances de ses oppresseurs, et qui de nos braves militaires, des fils de Fleurus et d'Arcole, ont fait des soldats du pape ; ceux qui dans Constantinople ont sacrifié l'intérêt de la France à celui de la Russie ; ceux qui sont dans la jubilation, lorsqu'ils ont contenté Nicolas ; ceux enfin qui nous ramènent au système de la restauration et veulent nous replacer sous le joug de la sainte-alliance.

Messieurs les jurés, si vous avez le cœur françois, vous ne vous prononcerez jamais en faveur du parti *cosaque* ; mais vous serez avec nous, avec les enfans de la nation, avec ceux qui ont juré sur leur tête que l'Europe ne serait point COSAQUE, mais qu'elle serait RÉPUBLIQUE. (Sensation.)

DISCOURS DE PAGNERRE.

Messieurs les jurés,

Si j'avais pu craindre d'être traduit devant vous, si j'avais pu redouter une condamnation, il m'eût été facile d'arrêter à leur origine les poursuites du ministère public ; j'aurais répondu au juge d'instruction qui m'a interrogé :

Mon nom n'est pas sur la lettre de Vignerte ; je n'en suis pas l'éditeur ; je ne l'ai pas mise en vente, je n'en ai pas vendu un seul exemplaire. C'est à l'accusation à fournir la preuve de ma participation soit à l'impression, soit à la vente, soit à la distribution de cet écrit, et cette preuve, il eût été impossible de l'établir et d'en arguer contre moi.

Voilà la réponse que m'eût dicté un système matériel de défense, et ce système n'aurait pas permis la réplique.

Mais l'accusation me traduisant sur ce banc à côté de Vignerte, me faisant le complice de son œuvre, c'est pour moi un devoir de conscience de n'en pas repousser la solidarité si j'en admets les principes, de ne pas me retrancher dans l'absence de tout fait de publication, si, le cas échéant, j'y eusse prêté ma coopération intelligente et volontaire.

Or, c'est la manifestation d'une opinion républicaine qu'on poursuit ici ; c'est l'émission par la presse d'une pensée d'égalité et de liberté qu'on vous demande de punir ; hé bien ! moi qui professe hautement l'opinion républicaine, qui ai dévoué tous mes efforts au triomphe des principes populaires, je dois m'associer d'intention, comme le ministère public m'a associé de fait, aux chances d'un écrit qui proclame ces principes ; et c'est avec la conviction profonde qu'ils sont justes et vrais, que de leur application doit résulter le bien-être de tous ; c'est avec la confiance qu'ils sont l'avenir, de l'humanité, que je viens sans crainte comme sans affectation, m'unir à Vignerte pour les défendre.

Deux plaies ont toujours rongé et rongent encore la société, le *prolétariat social* et le *prolétariat politique*.

Le *prolétariat social*, c'est-à-dire l'état de l'individu qu'a dépouillé de tous les avantages sociaux une série de conquêtes, de vols, de brigandages, et surtout de *lois agraires* ; de cette loi agraire que les vainqueurs firent pour se partager les dépouilles des vaincus, de cette loi agraire dont on osait nous accuser de prêcher le rétablissement et contre laquelle le parti républicain proteste de toutes ses consciences et de toutes ses voix ; le **prolétariat social** avant 89, c'était presque toute la nation.

Le *prolétariat politique*, c'est-à-dire l'état de l'homme qu'a dépouillé de tous les droits politiques une série d'usurpations, d'empiétemens, d'intrigues et de trahisons ; le prolétariat politique avant 89, c'était presque toute la nation.

Qu'est-ce aujourd'hui ?

Le résultat de cette grande lutte révolutionnaire tout à la fois sociale et politique qui vint clore les travaux du dix-huitième siècle, fut-il de combler l'abîme des deux prolétariats ? Hélas ! non ; il ne lui arracha que quelques victimes.

Une partie du tiers-état fut appelée au partage des bienfaits sociaux, et le prolétariat social diminua d'autant.

Quant au prolétariat politique, après une émancipation de trop courte durée, au milieu des orages, en présence des dangers qui menaçaient la patrie, il est retombé bien vite dans son état primitif : il offre aujourd'hui la même proportion numérique qu'avant 89, moins 200 mille privilégiés contre la nation tout entière. Le fond du prolétariat politique est le même ; la forme seule a changé.

Ce sont ces plaies qu'il faut cicatriser ; c'est à ces maux qu'il faut porter remède.

Ma conviction personnelle est que c'est par la cure de l'un qu'il faut arriver à la guérison de l'autre.

Que le prolétariat politique soit affranchi, et dans l'exercice de ses droits il trouvera les moyens calmes et réguliers de préparer et d'accomplir l'émancipation du prolétariat social.

Le prolétaire, ayant conquis la consécration de son titre de citoyen, réclamera la consécration de son titre d'homme.

Il dira :

Abolissez tous les priviléges et tous les monopoles; car les priviléges et les monopoles, c'est l'iniquité, c'est la spoliation.

Abolissez l'exploitation de l'homme par l'homme; car c'est ravaler la dignité humaine; car c'est là une nouvelle forme de l'esclavage.

Attachez à l'oisiveté un stigmate de honte et d'infamie; car l'oisiveté, c'est le vol fait à la société.

Détruisez les intérêts illicites; empêchez les spéculations égoïstes, les trafics immoraux; car ils dépravent les mœurs publiques et brisent les liens sociaux.

Il dira :

Fondez sur ces débris le règne de l'égalité; car l'égalité, c'est la loi sociale tout entière.

Consacrez les intérêts existans que l'équité avoue, aidez, accueillez les intérêts légitimes qui demandent à exister.

Encouragez, protégez, honorez le travail; car le travail, c'est la source unique de la richesse sociale.

Garantissez le repos acheté par le travail; car la société doit aussi payer ses dettes.

Affranchissez le prolétaire social, arrachez-le aux tortures de la misère; car c'est lui seul aujourd'hui qui garde et cultive le sol; c'est lui qui féconde le commerce et l'industrie; c'est lui qui produit tout par son travail, qui défend tout par son courage.

Il dira :

Frères! je vous appelle à la fraternité!

Plus de factions! plus de tiraillemens! plus de castes! que l'individualisme qui ronge la société fasse place au dévouement qui seul peut la faire fleurir.

Il dira; et sa voix alors sera entendue! (Sensation.)

C'est ainsi que sans révolution sanglante, sans froissement de droits légitimes, par une progression naturelle et logique, s'opérera cette réforme nécessaire, inévitable, qui, produite par la volonté de tous, s'accomplira dans l'intérêt de tous.

Ainsi, le dogme de notre croyance, c'est *la souveraineté du peuple* ; le résumé de nos besoins immédiats, c'est l'affranchissement politique, précurseur et instrument pacifique de l'affranchissement social.

C'est à cette souveraineté de tous, qui comprend la plus grande somme de sagesse, d'intelligence et de capacité, que nous confions les destinées de l'avenir.

Messieurs, c'est parce que la lettre de Vignerte m'a paru développer, dans sa pensée générale, les convictions vives et profondes que je viens d'exposer ; c'est pour cela, dis-je, que je crois devoir en accepter la sodilarité ; non pas légalement en ma qualité d'éditeur, qui pouvait n'être pas établie, mais loyalement, en ma qualité de co-accusé, que je dois à la franchise de mes explications devant le juge instructeur.

Ce n'est pas que je veuille répudier ici le rôle d'industriel, moi qui m'honore de ce titre. L'accusation rend l'industrie solidaire de la pensée ; eh bien ! sur ce terrain encore, je ne recule pas devant elle.

L'industrie bien comprise ne doit pas être un agent aveugle et purement spéculateur. Trop long-temps elle est restée renfermée dans un caractère étroit de mercantilisme individuel. Elle doit se dépouiller enfin de ce vieil égoïsme qui l'énervait, et s'emparer de la haute mission qui lui assigne pour point de départ le dévoûment et non plus l'individualisme.

Et cette mission peut être noble et grande. L'industrie particulière que j'exerce en fournit la preuve. Cette industrie, c'est un des instrumens de la presse, ce plus puissant agent de la civilisation.

Si c'est l'écrivain qui crée la pensée, qui la développe, c'est l'industriel qui la propage, qui la féconde par la publicité, et qui lui donne ce caractère de généralité sans lequel rien n'est véritablement utile.

« Ce n'est pas un droit, c'est un devoir, a dit Paul-Louis Courrier, une étroite obligation pour quiconque a une pensée dans la tête de la produire au jour pour le bien commun. » N'est-ce point un devoir aussi, une obligation étroite pour quiconque croit une pensée bonne, d'aider à la répandre par tous les moyens possibles ?

Mais il y a plus, l'action de l'industrie est toujours utile à la société, jamais funeste. Si la pensée est bonne, vraie, en la propageant, l'industrie lui fait porter ses fruits, agrandit ses résultats ; si la pensée est mauvaise, erronée, en lui donnant une grande publicité, l'industrie lui crée des contradicteurs, appelle l'examen ; et de la discussion jaillit toujours la vérité. La pensée fausse se neutralise à cette épreuve ; la pensée vraie survit et reçoit sa consécration. Renfermée dans un cercle restreint, la pensée mauvaise pourrait y produire de fâcheux effets ; c'est comme la calomnie qui, lorsqu'elle frappe dans l'ombre, blesse parfois ; mais dont les traits sont impuissans au grand jour

Plus la pensée a de publicité, plus elle est utile si elle est bonne; moins elle est nuisible si elle est mauvaise.

La mission que j'assigne à l'industrie, j'ai voué tous mes efforts, toute mon activité à son accomplissement. Dans les opérations que j'ai entreprises, je n'ai pas été mu seulement par la perspective du bénéfice éventuel du commerçant, mais encore et surtout par la conviction de contribuer à la production d'une œuvre utile à mes concitoyens.

En un mot, lorsque, marchand, je faisais du commerce selon mes intérêts, citoyen, je faisais de la propagande suivant mes opinions.

Messieurs les jurés, de graves accusations pèsent sur nous ; on nous accuse d'avoir excité à la haine contre une classe de personnes, provoqué au renversement du gouvernement et à la désobéissance aux lois, enfin provoqué à la guerre civile en armant les citoyens les uns contre les autres.

« Excité à la haine ! » nous qui, chaque jour, faisons un appel aux sentimens d'amour et de fraternité placés par la nature au cœur de l'homme !

« Provoqué à la désobéissance aux lois ! » nous qui voudrions voir la loi respectée comme l'expression suprême de la raison et de la volonté de tous !

« Provoqué à la guerre civile en armant les citoyens les uns contre les autres ! » nous qui, apercevant les dangers imminens de la patrie, voudrions qu'au lieu de s'épuiser dans les discordes civiles, la France réservât toutes ses forces pour la lutte qu'il lui faudra soutenir contre la ligue des rois !

Non, de telles accusations ne pourront être consacrées par vous.

Il y a peu de temps encore, dans cette enceinte même, lors d'un procès où le pouvoir a honteusement succombé devant la sagesse et le patriotisme du jury, un républicain, indigné des mensonges et des calomnies qu'on invoquait sans cesse contre nous, se dévoua pour protester en face du pays de la pureté de nos sentimens, de la moralité de nos principes. Cette protestation courageuse fut frappée de trois ans de prison !

Ce républicain, c'est Vignerte !

Trois ans de prison ! pour cet homme à imagination vive, à passions expansives, qui voudrait consacrer tous les instans de sa vie à des travaux utiles à ses concitoyens, et qu'on a condamné à ne pas vivre pendant trois ans ! (Mouvement.)

Dites, jurés ; dites, avocat-général : voulez-vous que cet homme souffre plus long-temps encore les supplices de la prison, les tortures de l'isolement ? Voulez-vous que, frappé naguère par des magistrats pour avoir protesté contre l'accusation de pillage et de loi agraire, il soit aujourd'hui condamné par vous, jurés, comme ayant prêché le pillage et la loi agraire ?

Non ! une condamnation aussi odieuse sera repoussée par vos consciences ! (Sensation.)

Et d'ailleurs, cette lettre de Vignerte qu'on vous a dénoncée comme si coupable, comme provoquant à de si grands crimes, que contient-elle ? Des doctrines de la plus haute moralité, des principes dont personne ne saurait contester la générosité. Mais des provocations à la haine, à la guerre civile ! vous les y chercheriez en vain. Et je ne suis pas seul de cette opinion : la décision du tribunal de première instance, qui a déclaré à l'unanimité qu'il n'y avait pas lieu à suivre contre nous, est venue l'affermir de toute l'autorité de magistrats intéressés à découvrir le crime, habiles à en connaître les caractères, et plus disposés par état et par habitude à la sévérité qu'à l'indulgence.

Notre confiance à cet égard est si profonde, que s'il nous eût suffi d'être acquittés, Vignerte et moi, nous nous serions contentés, pour toute défense, de vous lire l'écrit incriminé ; et comme les premiers juges, vous auriez dit : non, cet écrit n'est pas coupable. Mais ce n'est pas assez pour nous d'être innocens à vos yeux des délits qu'on nous impute.

Le jury, malgré les vices de son organisation, se montre souvent le protecteur de la liberté. Comme nous, il est menacé par le pouvoir, et comme nous, bientôt il sera attaqué. Vous êtes ici les représentans de la société, vous êtes, vous devez être la magistrature populaire. Et nous voulons, qu'appréciant nos intentions, notre conduite, nos efforts, vous ayiez pour nous, en prononçant avec l'équité du juge, l'estime du citoyen pour des hommes de conviction, de cœur et de dévouement.

Ces deux discours, prononcés avec l'accent d'une conviction profonde, produisent une vive impression sur l'auditoire.

On entend ensuite les avocats Boussy et Philippon de la Madeleine, qui discutent avec autant de clarté que de talent, la question légale.

M. Berville se lève alors pour répliquer.

Il demande aux jurés, aux prévenus eux-mêmes si les passages signalés par l'accusation dans la lettre incriminée ne contiennent pas une provocation manifeste au renversement de l'ordre actuel. « Quand on dit : à bas tous les priviléges, même ceux de la naissance, que veut-on dire par ces mots, sinon : A bas la royauté. Car aujourd'hui tous les priviléges de naissance sont abolis, à l'exception de la royauté qu'on a voulu conserver dans l'intérêt de la société le entière. »

Il insiste principalement sur le passage où il est parlé de la permanence des sections; il appelle surtout l'attention des jurés sur cette phrase : Les prolétaires ont *ajourné* leur ardeur. « Comprenez-vous, messieurs, la portée de ce mot : *ajourné*? Les républicains n'ont pas renoncé à leurs fatals projets ; seulement ils attendent une occasion plus propice; quand elle se présentera, ils sauront retrouver cette criminelle ardeur qui n'est qu'*ajournée*.»

Puis, M. l'avocat-général aborde directement les doctrines professées par les prévenus. — Il s'élève avant tout contre le suffrage universel. Peut-être consentirait-il à l'admission des capacités dans la liste électorale. Mais il ne veut pas entendre parler de l'égalité des droits politiques. « On se plaint, continue-t-il, que le peuple soit ignorant, qu'il soit privé des bienfaits de l'éducation. C'est encore là une plainte mal fondée. Le gouvernement favorise de tout son pouvoir l'instruction primaire. Quand la nation sera plus avancée, on pourra faire des concessions, agrandir le cercle électoral. Mais vouloir le suffrage universel, c'est vouloir l'anarchie. L'égalité n'existe pas plus dans la nature qu'elle ne doit exister dans la société; voyez la famille : le père a plus de pouvoir que ses enfans, l'enfant aîné plus que le cadet, le cadet plus que l'enfant à la mamelle. Eh bien, la même hiérarchie doit régner dans la société. »

De là, M. Berville passe aux idées d'économie sociale émises par les prévenus : « Je crois bien, dit-il, que les républicains ne veulent pas la loi agraire; mais pourront-ils nous dire comment ils feront pour mettre l'abondance à la portée de tous, sans toucher à la propriété? Et d'ailleurs, cette abondance qu'ils prétendent établir ne règne-t-elle pas aujourd'hui ? Les ouvriers sont-ils donc si malheureux! Peut-on dire qu'il y ait dans la nation des classes privilégiées? Les abus, les priviléges n'ont-ils pas été abolis par la révolution de 89, et par celle de 1830 ?»

« M. Vignerte a parlé d'associations coopératives. Eh! bien, je le demande au prévenu lui-même : Si une association de ce genre, formée comme il l'entend, venait à prospérer, les autres ouvriers ne seraient-ils point jaloux d'elle, et ne l'accuseraient-ils pas d'aristocratie? »

Après quelques argumens de la même force, M. l'avocat-général dit en concluant que nous vivons sous le meilleur régime possible, ayant un gouvernement tout paternel, qui ne veut que le bien du peuple, et que les républicains abusent ce peuple en lui représentant qu'il est malheureux.

Il termine en insistant fortement sur la condamnation des deux prévenus, Pagnerre lui parait tout aussi coupable que Vignerte, sa complicité est incontestable.

REPLIQUE DE VIGNERTE.

« M. l'avocat-général parle très joliment, mais il plaide une mau-
» vaise cause, et ses discours manquent tout-à-fait de logique.

« La réplique de M. Berville a porté sur deux points : la culpabi-
» lité de l'écrit, et la fausseté de nos doctrines. Je vais essayer de
» lui répondre :

« Vous provoquez au renversement de ce qui existe, nous dit M.
» Berville.—Oui, messieurs, nous provoquons au renversement de
» ce qui existe, et en cela nous ne sommes pas plus coupables que Jé-
» sus-Christ quand il criait : Vive la fraternité! A bas l'esclavage!
» que Voltaire, quand il faisait guerre ouverte à la superstition et
» aux préjugés; que Rousseau, quand il luttait contre les priviléges
» sociaux; que M. Berville enfin, quand sous la restauration il pro-
» voquait au renversement de ce qui existait alors, quand il travail-
» lait franchement pour la liberté, quand dans les *ventes* et dans les
» *loges* il professait avec ardeur les idées d'égalité qu'il répudie
» maintenant.

» Cela posé, s'ensuit-il que je me sois écrié : Aux armes, citoyens,
» levons-nous, détruisons le gouvernement! — De pareilles provo-
» cations ne sont point dans mon écrit. — Elles peuvent être dans
» ma pensée; car vous savez que je ne reconnais pas le gouverne-
» ment. — Et si j'avais commis le prétendu crime de provoquer au
» renversement du pouvoir actuel, certes je ne serais pas homme à
» renier mon œuvre. — Mais, alors que je n'ai rien fait de semblable-
» ble, je ne suis pas assez simple pour venir m'exposer aux coups des
» tribunaux en déclarant ici : Oui, j'ai fait un appel à l'insurrection,
» quand j'ai fait seulement un appel à la presse, un appel aux idées
» de réforme sociale.

» M. Berville ne me semble guère plus raisonnable, lorsqu'il at-
» taque le passage de ma lettre où il est question de la permanence
» des sections. Comment? Les 27 ont été acquittés sur ce chef. —
» Appelé comme témoin, j'ai nommé le comité qui avait conseillé la
» permanence; et qui revendiquait sans crainte la responsabilité de
» son œuvre. — Le ministère public n'a point poursuivi ce comité.
» — Et aujourd'hui l'on voudrait faire peser les conséquences de
» cette permanence sur moi simple narrateur, simple historien de ce
» qui s'est passé! — En vérité je rougis de répondre à de si faibles
» attaques.

» M. l'avocat-général a cru que nos doctrines valaient une ré-
» ponse. — Il repousse le suffrage universel; mais en revanche, il
» veut bien admettre les capacités dans le cercle électoral. — Et à
» quel titre, s'il vous plaît, vous constituez-vous octroyeurs du droit
» de suffrage? D'où sortez-vous, et qui êtes-vous pour vous poser ici
» les pontifes de la société? Ne seriez-vous plus nos semblables? Par
» hasard seriez-vous des dieux? Mais si vous n'êtes que des hom-
» mes, si vous êtes nos égaux, rougissez de votre impudence, et ces-
» sez de nous contester des droits que nous tenons de la nature, et
» que nous saurons reconquérir!

— 19 —

» Comment osez-vous encore nous reprocher de répondre à ceux
» qui nous demandent nos plans d'organisation, une fois la républi-
» que proclamée, de répondre : que ce n'est pas à nous, mais à la
» nation tout entière qu'il appartient de *faire* et *d'organiser* ? Ainsi
» vous nous prenez pour des aristocrates ! Vous nous supposez,
« comme vous, capables de substituer notre volonté particulière à
» la volonté nationale, capables comme vous d'usurper le pouvoir
» souverain !

« Puis, vous attaquez la moralité de nos vœux. — Vous nous re-
» prochez de demander l'abdication de la royauté, tout en deman-
» dant l'abolition des priviléges de naissance. — Sans doute la royau-
» té est un privilége, et la source de bien des maux !... Privilége bien
» utile à la société que celui en vertu duquel toute une nation peut
» devenir le jouet et la proie d'un monstre ou d'un imbécille qui sera
» fils aîné de roi.

« Mais la royauté n'est pas le seul privilége de naissance, dont
» nous voulons voir la fin. — Presque toujours, celui qui naît riche
» vit dans l'oisiveté, et l'oisiveté, comme l'a dit fort énergiquement
» Pagnerre, c'est le *vol fait à la société*. — Presque toujours les en-
» fans et les petits-enfans du pauvre sont condamnés à l'hérédité de
» la misère, de l'ignorance, et des fatigues. — Voilà ce qui doit
» finir, non moins que la royauté.

« Oui, nous prétendons que l'abondance soit mise à la portée de
» tous. — Mais pour arriver là, nous ne prenons pas la voie du pil-
» lage ni de la loi agraire : la voie du travail suffit. — Tel est notre
» vœu, que pour acquérir l'abondance le travail soit toujours *néces-
» saire* et jamais *inutile*.

» Le peuple est heureux, s'il faut en croire M. l'avocat général.—
» Il s'imagine sans doute que rien ne manque au bonheur du peuple,
» tant qu'il ne meure pas absolument de faim. — Quant à nous,
» nous dirons que le peuple est heureux, quand il aura une vie com-
», mode *en tous sens*, quand il connaîtra ses droits, quand il les exer-
» cera librement, quand il n'aura d'autre maître que la volonté gé-
» nérale, vrai symbole de la justice, attendu qu'elle comprend tous
» les vœux particuliers, et que chacun *vote* pour *lui-même en votant*
» *pour tous*.

« Le gouvernement actuel, dites-vous, s'occupe de l'instruction
» primaire.—La restauration aussi s'occupait de l'éducation des en-
» fans. — Elle nous avait dotés des frères ignorantins que vous fa-
» vorisez encore aujourd'hui. Mais ce n'est pas tout que d'apprendre
» la lecture, l'écriture et le catéchisme. — On peut savoir tout cela
» et n'être qu'un sot, un *abruti*. — On peut ignorer tout cela, et
» être un grand homme, témoins les Romains des premiers temps de
« la République. — Quand on veut le bonheur d'un peuple, il faut
» d'abord lui faire connaître ses droits, ensuite lui en laisser l'exer-
» cice, réveiller sans cesse dans le cœur de l'homme le sentiment de
» son indépendance, le sentiment de l'égalité, lui apprendre à res-
» pecter ce dernier sentiment chez autrui. — Par là, vous rendrez
» l'homme bon et vertueux ; car la vertu n'est autre chose que la
» pratique du principe d'égalité.

» Vous dites que tous les priviléges ont été abolis par les révolu-
» tions de 89 et de 1830. — Qu'ont gagné les prolétaires à la révo-
» lution de 89? Rien, absolument rien. — Les bourgeois en 89, se
» sont servis d'eux pour abattre la noblesse et le clergé, pour s'em-
» parer des biens de ces deux castes. Et puis lorsque quelques hom-
» mes ont voulu aller plus loin, et réclamer le droit des prolétaires,
» ils ont été assassinés!

» Qu'ont gagné les prolétaires à la révolution de 1830? — Des
» blessures, la prison, et quelquefois la mort. — Voilà tout.

» Je ne répondrai pas à la critique qu'on a faite des associations
» coopératives. — On ne m'a point compris; je n'ai pas parlé d'une
» association pour tel ou tel corps d'état, mais pour tous les corps
» d'état. — J'ai émis le vœu que l'industrie fût affranchie de la *loi*
» du *salaire*, loi arbitraire et tyrannique, et ne fût soumise qu'à la
» loi d'association, loi rationnelle et profitable.

» Je ne m'attacherai pas davantage à réfuter la comparaison que
» l'on s'est permise entre la *société* et la *famille*. Ce sont là des doc-
» trines d'absolutisme qui ne seraient pas avouées par la *Quotidienne*
» elle-même, et auxquelles tout homme libre doit rougir de répon-
» dre.

Le président après avoir demandé aux accusés s'il n'ont plus rien
à ajouter à leur défense, clôt les débats; il fait un résumé très court
et pose les questions au jury.

Le jury passe dans la salle des délibérations; et après un quart-
d'heure, il rentre en séance, et déclare les accusés non coupables.

Cette déclaration remarquable, après les discours de Vignerte et
de Pagnerre, est accueillie par de nombreux applaudissemens.

IMPRIMERIE DE L.-E. HERHAN,
380, r. St-Denis.